Kos – En pärla i Egeiska havet

Stig Ulrichsen

Published by Nunatak, 2024.

Innehållsförteckning

Stig Ulrichsen

Kos, En pärla i Egeiska havet

Ett äventyr fyllt med upplevelser, dolda skatter och historiska intryck

Copyright © Stig Ulrichsen och Nunatak A/S, 2024

Författare: Stig Ulrichsen

Förlag: Nunatak A/S

Omslagsfoto: Anna Klápštová

Omslag: Stig Ulrichsen

Förord och introduktion

Välkommen till Kos, en pärla i Egeiska havet, där historien är lika färgglad som en regnbåge och där ö-livet pulserar i takt med en energisk Zorba-dans. Här, sydost om det grekiska fastlandet, bland de dodekaneiska öarna, hittar du ett landskap omfamnat av ett kristallklart hav som bjuder in dig att simma med delfiner och dansa med sjöjungfrur. Kos är som att kliva in på en scen där naturen själv är scenografen och historien spelar huvudrollen.

Öns bergskedjor, dramatiskt uppresta ur en vulkanisk föreställning, påminner om en scen ur en grekisk tragedi. Marken dansade som en gud när kontinenterna förflyttade sig och lämnade efter sig klippformationer och lager av tertiär geologi, där fossiler från förhistoriska varelser vilar som grekiska gudar i ro. Att utforska Kos landskap är som att delta i en levande föreställning – från de majestätiska klipporna vid Kamarabukten, där jordskalvets rytm kan få även de mest erfarna att darra, till de svävande bergstopparna vid Dikeo Hristó som stolt blickar ut över ön.

Här sträcker sig topparna Vourkna, Kefála, Skenteri, Mavrovouni och Latra som en mäktig catwalk och bjuder in äventyrare att bestiga deras imponerande höjder. Vid Thimiana finner du ruinerna av Johanniterriddarnas gamla borg – en vacker påminnelse om forntidens storslagna arkitektur, som en historisk haute couture i sten.

Kustlinjen, kysst av det karpatiska havet, liknar en målning skapad av en impressionist – från Kap Psalidi till Kap Skandário, Aghios Fokas och Aghios Stefanos. De naturliga underverken här vecklar ut sig som en balett som speglar havets rytmer. Öns bördiga jordbruk producerar saftiga grönsaker, frukt, oliver och vin som serveras som delikatesser från land och hav. Fiske, djurhållning och turism sammanflätas i en symfoni av smaker och dofter som fyller öns kök med färska råvaror från havet och marken.

Fisket är hjärtat av Kos, och de dagliga fångsterna skickas till fiskmarknader så långt bort som Pireus och Thessaloniki. Här, på Kos, hittar du Dodekanesernas största fiskecenter och ett av Medelhavets största saltutvinningsföretag, där till och med saltet från havet blir en viktig ingrediens i öns rika kulinariska arv.

Så kasta dig ut i öns dans med historien. Låt dig förföras av sjöjungfrurnas sång och smaka på de söta frukter som Kos har att erbjuda. Här är du inte bara en resenär, utan en huvudperson i ett evigt äventyr, där dåtid och nutid dansar tillsammans i en harmonisk vals – som grekiska gudar som aldrig slutar dansa.

Min personliga upplevelse på Kos började när jag och min trogna vän René bestämde oss för att hoppa på äventyrsflyget till Kos i mitten av september 1989. Ja, håll i er – det är så länge sedan att till och med pyramiderna skulle säga: "Oj, det där är gammalmodigt!" Men tro mig, vi var mer spända än en katt på ett klätterträd, redo att kasta oss in i 90-talets Grekland med all den glans och skratt vi kunde hitta. Vårt mål var enkelt, lika enkelt som en gyros i solnedgången. Det handlade om god mat, att möta nya människor (förhoppningsvis med tillräckligt med solkräm), koppla av vid den stora blå poolen med svalkande vatten och en fantastisk utsikt över havet, samt göra upptäcktsfärder i Kos stad eller små, avlägsna bergsbyar.

Jag måste berätta en liten historia om just det här med att upptäcka. På hotellet mötte vi några härliga människor, och en av dem var Henrik, som ville ge sig ut på äventyr medan hans fru stannade kvar på hotellet för att njuta av solens strålar. Så vi tre bestämde oss för att ge oss ut på en scooterexpedition som fick oss att känna oss som moderna grekiska hjältar – eller kanske snarare som Don Quijote på två hjul.

Dagen efter, när solen stekte mer än en souvlaki på en grill, bestämde vi oss för att hyra tre scootrar och ge oss ut på äventyr längs de små, slingrande vägarna mot Asklepion. Denna fascinerande arkeologiska plats ligger på en avlägsen bergstopp, omgiven av majestätiska cypresser och en atmosfär av total frid. Den anses vara en av de mest betydelsefulla arkeologiska ruinerna i Grekland, och konkurrerar stolt med Akropolis i Aten. Tyvärr var helgedomen lika stängd som en grekisk statsbudget på en måndag. Efter att ha beundrat platsen på avstånd genom den stängda järngrinden hoppade vi upp på scooterna igen och körde vidare.

Snart surrade scooterna som en grekisk bouzouki medan vi klättrade upp till en avlägsen bergsby. Gatorna var lika tomma som ett fat fetaost efter en grekisk fest, och endast skuggorna av lokalbefolkningen syntes dåsa i värmen. Plötsligt fick vi syn på en äldre kvinna som vinkade oss vänligt närmare. Med ett leende bjöd hon in oss i sitt hem, som visade sig vara en slags restaurang där burköl var kungen och tomatsoppan från en enorm gryta var drottningen. Vi borstade av oss dammet från kläderna och tvättade händerna, medan den äldre kvinnan öste upp tomatsoppa som om hon la till lite magi i varje sked. Än idag är det den bästa tomatsoppa jag någonsin smakat – en soppa så god att till och med Zeus skulle vilja smaka den på Olympen.

Vi njöt av tystnaden och den underbara känslan av att ha hittat en plats mer autentisk än en grekisk tragedi. Men precis när vi hade lagt några kontanter på bordet för att betala för denna magiska upplevelse och var på väg tillbaka till våra scootrar, slog verkligheten till som en stor fetaostkula. Turistbussar, fyllda med folk som liknade en flock hungriga måsar, hade landat på gatorna, och all autenticitet försvann snabbare än en grekisk yoghurt i solskenet. Så mycket för vår Robinson Crusoe-upplevelse, tänkte vi och skrattade medan vi körde tillbaka till vår bas, Hotel Okeanis – eller som det heter idag; TUI BLUE Oceanis Beach.

Den här resan väckte min kärlek till Kos och Grekland, och jag har besökt ön så många gånger att jag nästan känner mig mer grekisk än Zeus själv. Ja, ni förstår vad jag menar. År 1991 gav jag ut en reseguide med titeln "Ultima Reseguide: Kos", som mest av allt påminner om en svartvit film. Att trycka den i färg var en dyr lyx, så det är denna guide jag nu försöker ge lite mer färg och humor till, som en grekisk dans på en solig dag. Här är min uppdaterade reseberättelse med mina bästa tips, som även kan fungera som en guide. Så häng med på resan och låt äventyret börja. Trevlig resa, eller som de säger på grekiska: καλό ταξίδι!

Stig Ulrichsen, januari 2024

Kos – En snabb översikt

Kos ligger majestätiskt nordväst om den imponerande ön Rhodos, endast 10 km från den historiska turkiska kusten. Med en yta på 295 km² är denna delfinformade ö en lekplats för cirka 30 000 invånare.

Internationella flygplats "Hippokrates"

Kos internationella flygplats "Hippokrates" ligger nära Antimachia, ungefär 27 kilometer från den historiska staden Kos. Flygplatsen, som fått sitt namn efter den legendariska läkaren Hippokrates, öppnade sina dörrar den 4 april 1964 med en blygsam start- och landningsbana på 1 200 meter. Målet var tydligt – att knyta ön till omvärlden och främja den växande turistindustrin. År 1973 förlängdes landningsbanan till 2 390 meter, vilket möjliggjorde större passagerarplan och fler äventyr.

År 1980 tillkom en ny terminal som en del av moderniseringen, ett arkitektoniskt landmärke som speglar öns karaktär. Under sommaren sjuder flygplatsen av aktivitet med charterflyg som tar emot ungefär två miljoner förväntansfulla turister årligen, alla redo att njuta av soliga stränder, kulturella skatter och öns unika charm.

Kos grönskande landskap och historia

Kos erbjuder ett milt och grönt landskap, format av mänsklig hand. Här finner du fruktträd, grönsaksfält och åkrar som förändras med årstiderna. Det dramatiska landskapet som kännetecknar andra grekiska öar är frånvarande här, men Kos slättland och mjuka kullar har sin egen dragningskraft. Bergen, med Dikeos Hristo som högsta punkt, bjuder på spännande vandringsmöjligheter, och andra toppar som Skenteri, Kefala, Mavrovouni och Latra är också värda att utforska.

Öns flora, särskilt kryddväxterna som Hippokrates en gång använde i sina behandlingar, är ett dragplåster för naturälskare. Längs den 110 kilometer långa kustlinjen finner du både plana landskap och idylliska stränder som Tigaki, Magic Beach, Paradise Beach, Kardamena och Mastichari. Varje strand har sin egen historia, från de kraftiga vågorna vid Tigaki till den familjevänliga lugnet vid Kardamena.

Kos stad och dess kulturella pärlor

En promenad genom Kos stad avslöjar lager av historia. Staden byggdes om 1934 efter en jordbävning och erbjuder idag en fascinerande blandning av gamla utgrävningar, romerska villor, badanläggningar och tempel. Längs palmkantade promenader vid hamnen hittar du mysiga tavernor, bouzoukibarer och restauranger.

Casa Romana, en restaurerad villa, visar imponerande mosaiker med havsmotiv, medan Johanniterborgen, byggd 1391, vakar över staden som en påminnelse om tidigare hot. Det turkiska moskéområdet är en annan kulturell skatt, fyllt av dagligt liv och bön. Torget med Hippokrates staty och den stora mosaiken är också väl värda ett besök.

Marknaden är en annan attraktion – en överdådig oas av sydeuropeiska frukter, grönsaker och köttstånd med en atmosfär du inte vill missa.

Upptäckter på cykel

Kos är känt som en cykelvänlig ö, och du kan enkelt hyra en cykel och trampa dig genom den vackra naturen till Kefalos. Den gamla väderkvarnen erbjuder panoramautsikt som kommer att ta andan ur dig, och Agios Stefanos bjuder på den vackraste bukten. Agios Fokas, med sina svarta stränder, ger dig också en fantastisk utsikt mot de närliggande öarna och den turkiska kusten.

Kos ekonomi är förankrad i turism, jordbruk och fiske. Ön producerar vin, vindruvor, honung och grönsaker i stora mängder, främst till glädje för lokalbefolkningen och deras grannar.

Mytologins magiska universum på Kos

Dyk ner i mytologins förtrollande värld på Kos, där jättar och halvgudar korsar varandras vägar och öns historia vävs samman med himmel och jord. I den grekiska antikens religion var jättarna inte bara gudar, utan söner till själva himlen och jorden, Uranos och Gaia. En episk kamp utspelade sig mellan dessa jättar och de mäktiga olympiska gudarna, där jättarna blev besegrade och jagade.

En av dessa modiga jättar, Polyvotis, sökte skydd på Kos efter sitt nederlag. Poseidon, havets gud, förföljde honom i ett utbrott av raseri och slet loss en bit av ön för att kasta den mot jätten. Resultatet blev Nisyros, en ö nordväst om Kos, skapad av gudomlig vrede och naturens krafter – enligt myterna. Detta är en vacker blandning av mytologi och naturens under, där legenderna smälter samman med verkligheten.

Andra jättar, kända som titanerna, fann också skydd på Kos efter sin strid med de olympiska gudarna. Kynnos, Phebus och Korios var några av dem, och deras närvaro gav ön sitt mytologiska namn Kynnis. Kos blev en ödesmättad plats i den grekiska mytologin, särskilt med halvguden Herakles, son till Zeus och Alkmene, som en central gestalt.

Herakles, känd för sina stora bedrifter och mänskliga svagheter, kom till Kos efter en tragisk händelse där han, i ett anfall av vansinne, dödade sina egna barn. Hans väg till försoning ledde honom till Kos, där han mötte den unge Antagoras, en fåraherde, i en våldsam konflikt. Striden mellan dem eskalerade och involverade Herakles följeslagare samt lokala invånare. Efter tumulten sökte Herakles skydd i en avlägsen by, förklädd till kvinna.

Fixioternas stadsstat blev en säker tillflykt för Herakles, och genom en blandning av gästfrihet och svek blev han krönt till kung. Hans hjältemod och beslutsamhet påverkade Kos öde, och hans namn och gärningar vävdes för alltid in i öns historia. Efterkommande till Herakles, såsom hans son Thessalos, styrde senare över både Kos och Nisyros.

Historien

Kos i Pelasgernas förhistoriska famntag

Stig in i Kos förhistoria, där skuggorna från det förflutna döljer öns tidiga dagar och där mysterier från stenåldern har försvunnit i glömskans dimmor. Ön har en gåtfull historia, då många spår från den äldsta tiden gått förlorade på grund av våldsamma jordbävningar och tidens obevekliga gång. För att förstå Kos tidigaste epoker måste vi därför förlita oss på mytologi, antika författare och deras poetiska beskrivningar av öns förflutna.

Karerna, en av de äldsta grekiska stammarna, tros vara de första invånarna på Kos. Öns första namn, Kouris eller Karis, vittnar om deras närvaro. Pelasgerna, ett stolt folk från Thessalien och de första grekiska kolonisterna, gjorde också sitt intåg och satte sin prägel på Kos historia. Ruinerna vid Paleoskala och Aghios Fokas är rester av deras gamla kultur och visar på deras tidiga inflytande över ön.

Triopas I, en man som beskrivs som både vis och intelligent, regerade som den första kungen på Kos. Han ledde Pelasgerna på deras resa från Thessalien och lämnade efter sig ett arv som senare kungar och drottningar byggde vidare på. Under Triopas II regeringstid blomstrade ön och gick in i en gyllene era, med allianser, bland annat med det minoiska Kreta, som stärkte öns position i regionen.

Historien fortsatte att utvecklas, och med ankomsten av akajerna, ett indoeuropeiskt folk, kom stora förändringar till Kos. Akajerna erövrade Kreta och utvidgade sin makt över öarna i Egeiska havet, inklusive Kos. Detta markerade ett skifte i tiden, och Kos samhälle påverkades av dessa nya krafter.

Kos kung, Evrypylos II, känd både från mytologin och bekräftad i Homeros episka verk, blev en historisk gestalt. Hans regeringstid, och särskilt hans död i strid med Herakles, formade öns öde. Herakles giftermål med Halkiopi introducerade en ny härskarsläkt på ön – Asklepiaderna.

Podalirios, son till den legendariska läkaren Asklepios, överlevde det trojanska kriget och fann tillflykt på Kos efter ett skeppsbrott. Han blev grundaren av Asklepiaderna, härskarna på Kos, och deras 18 ättling var den berömda Hippokrates, som senare skulle bli grundaren av den medicinska vetenskapens helgedom på ön.

Dorisk dominans på Kos

På 1100-talet f.Kr. anlände dorierna, den tredje vågen av grekiska invandrare, och drev ut de tidigare härskarna, akajerna, från Grekland. Dorierna erövrade stora delar av det egeiska området och bosatte sig på öar som Aigina, Kythira, Milos, Thera (Santorini), Kreta, Rhodos och Kos. Den välkände historikern Strabon bekräftar att det doriska språket och kulturen blev dominerande på dessa öar, inklusive Kos, som under denna period antog denna nya kulturella riktning.

Kos upplevde en stor ekonomisk och kulturell tillväxt, främjad av den bördiga jorden och påverkan från olika kulturer. Strabon beskriver Kos som en plats där invånarna bedrev jordbruk, boskapsskötsel, fiske och till och med silkesproduktion. Flera viktiga städer växte fram, inklusive Pamphylis, Antimahidon och Esthmioton, där invånarna hängav sig åt tillbedjan av gudar som Demeter och Asklepios, läkekonstens och hälsans gud.

På 700-talet f.Kr. grundade dorierna den så kallade "Sex Städers Allians", som inkluderade Kos tillsammans med öarna Knidos, Halikarnassos, Jalissos, Kameiros, Lindos, Kalymnos och Nisyros. Denna allians hade både ekonomiska och religiösa syften, med sitt religiösa centrum vid Apollons tempel nära Kap Triopio.

Kos inflytande och makt växte, och ön etablerade kolonier i södra Italien, kända som Daunia. Invånarna på Kos visade sitt självständiga sinnelag och klokhet genom att vägra överlämna ett dyrbart fynd av en gyllene trefot och valde istället att ge den till den vise filosofen Thales. Denna handling blev en symbol för öns självständighet och visdom.

Under 600-talet f.Kr. genomgick Kos politiska förändringar och omfamnade demokratin, influerade av de atenska lagarna från Solon. Trots att Perserriket på 500-talet f.Kr. kontrollerade delar av Grekland, vägrade Kos att stödja persernas krig mot Grekland och sågs som en fiende av perserna. Kos historia under doriernas styre präglades av en period av kulturell och politisk blomstring, vilket satte ön på kartan som ett viktigt centrum i Egeiska havet.

Från hjältar till kulturell förvandling

I en avlägsen tid, när legender omgärdade öarna som kosmiska pärlor, var Kos öde sammanvävt med drottning Artemisia av Karien, en allierad till den persiske kungen Dareios. En apollonsk tråd förde Kos in i den persiska krigsmaskinens hjärta. Fem skepp från ön anslöt sig till Xerxes flotta i ett försök att krossa Grekland. År 480 f.Kr. blev Kos vittne till det avgörande slaget vid Salamis, där de grekiska styrkorna segrade över perserna. Året därpå, 479 f.Kr., vid slaget vid Mykale, besegrades perserna slutligen, vilket befriade flera öar och säkrade Kos en viktig roll i Greklands triumf.

År 477 f.Kr. blev Kos en del av det atenska sjöförbundet, en allians ledd av Aten. Från 468 f.Kr. upplevde ön en period av tillväxt och välstånd. Invånarna på Kos, stolta och självständiga, vägrade hjälpa perserna under en epidemi som härjade i regionen. Detta visade deras lojalitet till Grekland och deras vilja att bevara sin frihet.

Under det Peloponnesiska kriget (431-404 f.Kr.) ställde sig Kos på Atens sida, och som ett symboliskt bidrag skickade ön årligen en skatt på fem talenter till Aten. Men 411 f.Kr. invaderades Kos av Spartas flotta, ledd av Astyochus. Denna invasion kastade ön in i en mörk period. Många invånare flydde till Astypalaia, och snart följde en jordbävning som drabbade ön hårt. Aten skickade hjälp i form av förnödenheter och pengar, ledda av Alkibiades, för att återuppbygga Kos. En skyddsmur runt staden restes, men många invånare flyttade från det gamla centrumet och följde råden från den store läkaren Hippokrates att bosätta sig på säkrare platser.

Kos landskap bär fortfarande ärr från mykensk tid, med gyllene fragment från geometriska gravplatser som en påminnelse om öns rika förflutna. Aristoteles beskrev staden som ett livligt centrum, och Strabon beskrev Kos som den bäst byggda staden bland öarna i Egeiska havet.

År 405 f.Kr. ledde Lysanders seger till att Kos kom under Spartas kontroll igen, men 394 f.Kr. organiserade amiralen Konon, efter segern vid Knidos, en ny ekonomisk uppblomstring för ön. Kos blev ett centrum för lärdom och kunskap. Undervisning i musik, gymnastik och idrott var centralt för att forma unga sinnen, och prispengar för idrottstävlingar skapade hjältar av många.

Flera berömda gestalter kom från Kos under denna period, som Epiharmos, grundaren av den sicilianska komedin, och den realistiska poeten Irondas, som skrev om samhällets lägre klasser. Mest känd är kanske Hippokrates, läkekonstens fader, som satte Kos på världskartan med sina banbrytande teorier och praktiker. Målaren Apellis, känd för sin berömda målning av Afrodite som stiger ur havet, bidrog också till Kos konstnärliga storhetstid.

Men med storhet kommer ofta avundsjuka. År 358 f.Kr. anlände Mausolos från Halikarnassos till Kos med sina trupper och i hemligt samråd med öns oligarker avskaffade han demokratin. Han införde ett militärt envälde, vilket ledde till att öns kulturliv stagnerade. Skolorna stängdes och en episk kulturell era gick mot sitt slut.

Alexander den Stores forførende dans på Kos' bølger

I 334 f.Kr. ble Kos en del av den epokegjørende tiden under Alexander den Store, da øya innledet et nært forhold til makedonerne. Selv om Kos var tett alliert med Alexander, beholdt øyas folkeforsamling makten til å utnevne egne statholdere, noe som sikret øyas autonomi og trygghet. Året etter, i 333 f.Kr., opplevde Kos en kortvarig erobring av perserne under ledelse av den rhodesiske generalen Memnon, men Alexanders tropper, ledet av Ptolemaios, gjenopprettet raskt øyas frihet.

I 332 f.Kr. gjorde perserne nok et forsøk på å ta kontroll over Kos, men Alexanders flåte vant en avgjørende seier som sikret øya en stabil framtid i det greske riket. En viktig skikkelse i denne perioden var den kosianske legen Kritodimos, som ifølge legenden reddet Alexander den Store fra døden i India. Som en æresbevisning preget innbyggerne på Kos mynter med Alexanders portrett, noe som forsterket øyas tilknytning til den store erobreren. Andre medisinske mestre fra Kos, som Erasipatros, Nikas og Dexippos, fortsatte å utvikle legekunsten, med arv fra Hippokrates.

I løpet av denne tiden levde også den elegiske dikteren Theokritos, som var etterkommer av den berømte legen Simos. Theokritos, født på Sicilia i 310 f.Kr., malte med sine vers levende bilder av bønder og hyrder, og hans poesi fanget både melankoli og glede fra det landlige livet.

Etter Alexander den Stores død ble Kos en del av Antigonos' rike, men øya blomstret under hans styre. Lovgivningen på Kos ble videreutviklet, noe som gjorde øya til et forbilde for samfunnsorden og velstand. I 311 f.Kr. inngikk Kos en allianse med Egypt under Ptolemaios, som tvang Antigonos til å gi fra seg makten. To år senere, i 309 f.Kr., tilbrakte Ptolemaios og hans familie vinteren på Kos, hvor dronning Berenike fødte Ptolemaios II, som senere ble en sentral skikkelse i det egyptiske kongeriket.

Nye utfordringer og velstand

På 200-tallet f.Kr. møtte Kos nye utfordringer, da Antigonos Gonatas erobret øya i 266 f.Kr. I 220 f.Kr. deltok Kos i den første makedonske krigen mot Filip V, og øya ble en del av en større allianse med Rhodos, Kalymnos og Nisyros. Årene 205-204 f.Kr. markerte en harmonisk periode hvor Kos, Kalymnos og Nisyros fungerte som en samlet enhet, med Kos som det ledende senteret.

I 197 f.Kr. ble Kos involvert i en større konflikt da øya og Rhodos kjempet på Romas side mot Filip V. Kos' lojalitet til Roma fortsatte under den tredje makedonske krigen i 171 f.Kr., da øya allierte seg med både Rhodos og Roma. Til tross for krigens uro, opplevde Kos en økonomisk oppgang.

Romerrikets innflytelse

I den romerske epoken ble Kos en spesiell provins med unike rettigheter. Øya fikk en fremtredende posisjon da keiser Antonius ga innbyggerne romersk statsborgerskap. Dette gjorde Kos til et møtepunkt for tidens mest betydningsfulle personer. Herodes, den jødiske tetrarken, besøkte øya i 38 f.Kr., og hans beskyttelse bidro til en blomstringstid. Senere sikret øyas innbyggere gunst hos keiser Tiberius gjennom deres støtte under hans konflikt med det romerske senatet.

Under keiser Augustus, i 30 f.Kr., opplevde Kos en vending da øyas innbyggere ble pålagt å ære keiseren som en gud. Selv om de fortsatt nøt spesielle privilegier, måtte Kos tilpasse seg de skiftende politiske kravene fra Romerriket. I keiser Neros tid ble et tempel bygget til ære for ham på Kos, men etter hans fall ble denne praksisen avsluttet.

Til tross for utfordringer som naturkatastrofer og kriger, fortsatte Kos å spille en viktig rolle under Romerriket. Keiser Claudius belønnet øya med skattelettelser etter at den lokale legen Xenofon helbredet ham. Kos sendte også verdifulle kunstverk til Roma, inkludert Apellis' berømte maleri "Den skumfødte Afrodite," som ble beundret i keiserens tempel.

Gjennom Romerrikets utvikling, spesielt under keiser Flavius Vespasianus (69-79 e.Kr.), fortsatte Kos å være et kulturelt og økonomisk sentrum, selv om Rhodos ble utnevnt til metropol i Egeerhavet. Kos opprettholdt sin stolthet og blomstrende kultur, samtidig som jordbruk, håndverk og handel fortsatte å utvikle seg.

Kristendommens innflytelse

Under keiser Diokletians regjeringstid (284-305 e.Kr.) ble kristendommen forfulgt, men usikkerheten og volden i perioden førte til en økning av kristne konvertitter på Kos. Apostelen Paulus sies å ha besøkt øya, og kristendommens innflytelse vokste i takt med Romerrikets skiftende politikk. Konstantin den store, som tok makten i 312 e.Kr., støttet kristendommen og utstedte lover som sikret religiøs frihet, noe som førte til at kristendommen fikk dypere røtter på Kos.

Kos fortsatte å utvikle seg gjennom historien, som et sentralt knutepunkt for både romersk og kristen kultur, og ble et viktig religiøst og kulturelt sentrum som overlevde tidens mange stormer.

Byzantinsk tid og venetiansk styre på Kos

I året 324 e.Kr. vant Konstantin den Store en avgjørende seier over Licinius etter en lang og utmattende borgerkrig. Denne seieren forandret ikke bare Kos, men hele Romerriket. Som keiser tok Konstantin en monumental beslutning – han erklærte kristendommen som rikets offisielle religion og ga byen Byzantium et nytt navn: Konstantinopel. Dette markerte starten på det storslåtte bysantinske riket, og Kos ble en provins i dette nye imperiet.

Under bysantinske keisere opplevde Kos en periode med fred og velstand, selv om øya var stadig utsatt for angrep fra eksterne fiender.

Slavere, bulgarere, sarasenere, genovesere, venetianere, korsfarere, arabere og tyrkere angrep Kos som bølger mot en skjør båt. Til tross for dette beholdt øya sin viktige rolle i regionen, men kampene gjorde det vanskelig å opprettholde sin tidligere prakt.

I 554 e.Kr. rammet en naturkatastrofe da et voldsomt jordskjelv ødela store deler av øya. Den bysantinske historieskriveren Agathias beskrev Kos som et landskap av ruiner etter skjelvet. Øyas kulturelle blomstring ble avbrutt, og som mange andre greske byer opplevde Kos en periode med nedgang.

Venezisk kontroll og Johannitterordenens herredømme

Etter det fjerde korstoget i 1204 kom Kos under venetiansk kontroll og ble styrt av fyrsten Leon Gavala. Kos' tid under venetiansk styre var kortvarig, da den bysantinske keiseren Mikael VIII Palaiologos gjenerobret øya i 1262. Deretter fulgte en periode med vekslende kontroll, med genovesere, venetianere og Johannitterordenen som kjempet om øya.

I 1312 ble Kos plyndret tre år på rad av catalanske pirater, men Johannitterridderne, ledet av Foulques de Vilaret, klarte til slutt å sikre kontrollen over øya. Johannitterordenen styrte Kos i 218 år, og under deres herredømme ble flere festninger reist, som Antimahia og Kardamena, for å beskytte øya mot fiender. Kos ble en viktig del av Johannitterordenens territorium, spesielt underlagt Provence-ordenen.

I en kurios hendelse ble øya pålagt å bygge en galei med 23 årer årlig som skatt til Johannitterne, noe som symboliserte øyas lojalitet til ordenen. Kos' strategiske plassering og militære betydning gjorde øya til et viktig knutepunkt for ridderne.

Och så angrep turkarna

Kos' rolle som en strategisk perle i Middelhavet gjorde øya til et mål for det ekspanderende osmanske riket. Den 3. juni 1457 ankom 18.000 tyrkiske soldater øya med 156 skip, under kommando av admiral Hamza. De angrep festningene ved Pyli, Kefalou og Antimahia, og til tross for motstand fra de lokale forsvarerne, ble festningene plyndret, og innbyggerne måtte flykte.

Tyrkernes angrep var vedvarende, og i 1522, etter en lang beleiring, falt Kos og de andre joniske øyene til Sultan Suleiman den store. Kos ble omdøpt til "Stankiöy," og tyrkisk styre ble innført på øya. Den osmanske perioden ble preget av brutalitet, men lokalbefolkningen nektet å underkaste seg fullstendig. De opprettholdt sin stolthet og forsøkte ved enhver anledning å utfordre de osmanske herskerne.

I løpet av 1600- og 1700-tallet opplevde Kos flere opprør, og selv om mange ble brutalt slått ned, forble motstanden sterk. Den lokale befolkningen holdt fast ved sin greske identitet og kultur, til tross for tyrkisk undertrykkelse.

Frihetskamp og gresk identitet

Da den greske frihetskrigen startet i 1821, var Kos' innbyggere raskt involvert i kampen for uavhengighet. De sloss ved Kap Skandario og beseiret den egyptiske flåten, ledet av Ismail Gibraltar. Mange kosianere betalte den høyeste prisen i kampen for frihet, og tyrkerne svarte med brutal undertrykkelse. Mange frihetskjempere ble henrettet, og det ikoniske platantréet til Hippokrates ble et symbol på motstand og heltemot.

Gjennom århundrene forble Kos et viktig kulturelt og religiøst sentrum, til tross for de mange utfordringene det møtte. Den bysantinske og venetianske arven, sammen med den tyrkiske okkupasjonen, formet øyas unike historie og dens vedvarende kamp for frihet og selvbestemmelse.

Illusionen om de italienske befriere

Våren 1912 tok Kos' historie en dramatisk vending da italienske styrker ankom øya og drev de tyrkiske okkupantene bort, noe som ga innbyggerne nytt håp om en lysere fremtid. Øyboerne omfavnet italienerne som befriere og nærte et sterkt ønske om å bli en del av Hellas. Italienerne lot til å være enige, og erklærte at Kos skulle forbli en gresk øy, fri fra det tyrkiske åket som hadde plaget befolkningen i flere århundrer.

Men dette håpet svant snart hen da Benito Mussolini kom til makten i 1918, og de italienske fascistene avslørte sine virkelige intensjoner. Under Mussolini ble Italia en ny undertrykker på Kos. Økonomiske kriser førte til tunge skatter, og store deler av jorden ble overtatt av den italienske staten. Skoler som en gang hadde vært fylt med liv og læring, ble gradvis stengt. Greske elever ble tvunget til å bli med i "Balilla", en fascistisk ungdomsorganisasjon, dersom de ville fortsette utdannelsen. Det italienske språket infiltrerte skolevesenet, og italienske myndigheter forsøkte å hjernevaske de unge til lojalitet mot det fascistiske regimet.

Religionsfriheten ble også kneblet; ordinasjon av nye prester ble forbudt, og den gresk-ortodokse troen begynte å miste fotfeste. Kos ble ytterligere svekket da et kraftig jordskjelv rammet øya i 1934, men italienske arkitekter hjalp til med å gjenoppbygge byen, selv om 80 % av hjemmene ble ødelagt.

Etter Mussolinis fall, håpet innbyggerne på frihet, men øya ble i stedet okkupert av tyske styrker den 3. oktober 1943, som tok kontrollen over Kos i de neste 18 månedene. Denne tiden ble preget av sult og frykt, og innbyggerne led under tyskernes brutale styre. Endelig, den 9. mai 1945, ble Kos frigjort av britiske styrker, og tre år senere, den 7. mars 1948, ble øya offisielt gjenforent med Hellas – en etterlengtet slutt på mange år med fremmed styre.

Viktige årstall

Här är en kort översikt över Kos' anmärkningsvärda historia, presenterad genom viktiga årtal, som tillsammans ger en färgstark bild av öns rika förflutna.

- **700 f.Kr.:** Kos slutter seg til Hexapolis, De Seks Byers Forbund, og blir en dominerende aktør i handel og politikk i Egeerhavet.

- **477 f.Kr.:** Kos blir medlem av det athensk-deliske sjøforbundet etter slaget ved Salamis, som sikrer øya en viktig rolle i det greske politiske landskapet.

- **460 - 377 f.Kr.:** Hippokrates, "medisinens far", blir født på Kos, og hans arbeid gjør øya til et senter for medisinsk kunnskap.

- **334 f.Kr.:** Kos allierer seg med Aleksander den Store og blir en viktig militærbase for hans felttog.

- **323 f.Kr.:** Etter Aleksanders død blir Kos en del av Ptolemeernes rike i Egypt, og en kulturell blomstring innledes.

- **102 f.Kr.:** Mithridates VI av Pontos plyndrer Kos og tar Kleopatras skatter under sin kamp mot romerne.

- **30 f.Kr.:** Et jordskjelv ryster Kos, men romerske myndigheter gjenoppbygger øya, som gjenoppretter sin tidligere posisjon.

- **325 e.Kr.:** Kos blir en del av det bysantinske riket under Konstantin den Store, og kristendommen blir den offisielle religionen.

• **1204:** Kos faller under Venezia etter det fjerde korstoget og blir et venetiansk fyrstedømme.

• **1457:** Tyrkerne invaderer og erobrer Kos, som deretter blir en del av det osmanske riket i flere århundrer.

• **1912:** Italienske styrker ankommer Kos, og øya begynner en ny periode under italiensk styre.

• **1934:** Et jordskjelv ødelegger store deler av Kos, men byen gjenoppbygges med hjelp fra italienske arkitekter.

• **1945:** Kos blir frigjort av britiske styrker etter andre verdenskrig, og øya kommer kort tid under britisk kontroll.

• **1948:** Kos blir offisielt forent med Hellas etter mange år med fremmed styre.

• **1981:** Kos, som en del av Hellas, blir med i EU, noe som åpner opp for nye økonomiske muligheter og integrasjon i det europeiske fellesskapet.

Kos stad

Stig in i hjärtat av Kos, där historia och modern livsstil smälter samman i en stad fylld med energi och charm. Kos stad, hem för nästan 13 000 invånare, är mer än bara en stad; det är en berättelse om återfödelse och tidlös skönhet.

Föreställ dig en stad som, likt en fågel Fenix, reste sig ur askan när italienska arkitekter 1934 använde sin expertis för att skapa en pärla vid Egeiska havet. Efter att 80 procent av staden förstördes i en jordbävning, står Kos i dag som en stolt symbol för återuppbyggnad och styrka.

Vita hus står tätt tillsammans, omgivna av färgglada blommor och grönskande växter som ger staden en naturlig palett av skönhet. Varje gathörn är en visuell upplevelse, en symfoni av kontraster som smälter samman i en unik estetik.

Utforska stadens charm på cykel och låt dig föras längs den ståtliga palmavenyn som omger fästningen. Här möts dåtid och nutid, och varje trampsteg öppnar upp för nya kapitel av stadens rika historia. Vila ögonen på Hippokrates' träd, ett levande monument som har bevittnat århundraden passera. Dyk ner i stadens själ genom de många antika utgrävningarna som väcker historien till liv. Kos stad är en arkitektonisk skatt, formad av de många kulturer som har präglat dess gator och torg.

Stränder

Stränderna på Kos breder ut sig som gyllene mattor av ren paradisisk njutning. Låt oss dyka ner i öns vackraste sandstränder och uppleva Medelhavets vågornas magi.

Lambi-stranden sträcker sig västerut som en kedja av gyllene sandkorn mot horisonten vid Kos stad. Denna strand, som ligger i den västra utkanten av Kos stad, är en välorganiserad badplats som välkomnar turister med öppna armar och ett överflöd av bekvämligheter. Den är lätt att nå med både privat och offentlig transport, och du kan också ta en lugn promenad eller cykeltur från Kos stad. Stranden erbjuder en perfekt kombination av kosmopolitisk komfort och Egeiska havets orörda skönhet. Efter en dag med sightseeing i Kos stad kan du finna ro och avkoppling på Lambi Beach, där tiden rör sig i ett behagligt, långsamt tempo.

Aghios Fokas-stranden, som ligger endast sex kilometer söder om Kos stad och två kilometer från de berömda Therma-källorna, är ett subtilt mästerverk. Här smälter svart sand samman med glänsande svarta småstenar, likt stjärnor på natthimlen. Stranden ligger som en fridfull oas bortom stadens liv och rörelse, och här kan du koppla av till ljudet av vågor som försiktigt slår mot stranden. Stranden är lättillgänglig med bil, motorcykel eller lokalbuss, och resan till Aghios Fokas blir en del av upplevelsen i sig.

Tigaki-stranden, en pärla längs Kos kust, ligger bara 12 kilometer från det pulserande Kos stad. Denna strand har silkeslen vit sand som sträcker sig långt, och här väntar ögonblick av ren avkoppling. Ibland kan starka vågor och en frisk bris svepa över stranden, men det är just denna dynamik som ger Tigaki-stranden sin unika charm.

Dyk ner i äventyret på **Paradise Beach**, sannolikt den mest kända stranden på Kos. Längst ut på den långa, gyllene stranden i Kefalos öppnar detta paradis upp sig, och under sommaren pulserar det ofta av liv och glädje. Här väntar solstolar och parasoller, redo att ge dig vila och avkoppling. Sätt dig ner och låt tiden stå stilla medan du njuter av omgivningarna. Högst upp på stranden lockar en restaurang med utsikt över bukten, där du kan njuta av en god måltid, eller kanske slå dig ner på en av de många barerna och låta en uppfriskande dryck fullända din lycka.

Är du äventyrlig? Vattensporternas magiska värld väntar på att utforskas, med ett stort utbud av aktiviteter att välja mellan. **Paradise Beach** är platsen där både avkoppling och äventyr möts i perfekt harmoni.

Camel Beach, en dold pärla längs Kefalos-kusten, ligger mellan den populära Paradise Beach och Kefalos Bay. Denna avskilda strand erbjuder en lugn tillflykt från de mer välbesökta stränderna. Här smeker det klara, något svalare vattnet kusten, och tystnaden fyller själen med ro. En speciell klippformation, som liknar en kamel, ger stranden dess namn. När solen går ner och dess strålar möter horisonten framträder denna naturliga skulptur och skapar en magisk atmosfär. **Camel Beach** är en liten men oförglömlig oas för dem som söker lugn och naturens skönhet.

Cavo Paradiso är en avlägsen strand som ligger en halvtimmes bilresa från Kefalos, men resan hit är som en pilgrimsfärd. Vägen leder dig först till Agios Ioannis-klostret, men därifrån tar en grusväg dig djupare in i det okända, till öns sydligaste spets. När du anländer breder ett vackert panorama ut sig för dina fötter, med turkost vatten som smälter samman med den djupt blå horisonten. Stranden sträcker sig som en oändlig dröm, där du kan finna lugn mitt i naturens symfoni av färger och ljud. Detta är en plats där tid och brådska försvinner och naturens majestätiska skönhet tar över.

Cavo Paradiso är en plats för dem som söker extra ro, med en perfekt viloplats som erbjuder en praktfull utsikt över den storslagna naturen. Här kan du stanna upp och fånga ögonblicket med några bilder, eller bara ta dig tid att njuta och absorbera naturens skönhet. Vattnet är förtrollande, och stranden sträcker sig över flera kilometer. Även om parasollerna skulle vara upptagna, kan du enkelt hitta din egen privata plats bortom folkmassorna. För den törstige finns det även en liten bar där du kan njuta av något uppfriskande medan du låter äventyret veckla ut sig och upplever den unika skönheten på **Cavo Paradiso**.

Kochilari-stranden, som ligger på den norra sidan av Kefalos, är känt som ett paradis för vindälskare, särskilt för dem som älskar kitesurfing. Stranden har en egen kitesurfingstation där du kan prova på denna spännande sport. För att nå detta vindfyllda paradis följer du vägen mot norr, strax innan ankomsten till Kefalos Bay. Stranden är långsträckt och bjuder på mjuk sand över stora ytor. Även om du inte är en kiteentusiast, kan du ändå finna ett lugnt hörn på denna mindre trafikerade strand, där vågorna leker i sanden. Sommarmånaderna för med sig vind från norr, vilket skapar perfekta förhållanden för kitare som gillar vågsurfing. Vattnet blir gradvis djupare, och de skummande, grunda områdena ger en utmanande och spännande upplevelse för de äventyrliga.

Kamari Beach, långt borta från stadens liv och rörelse, ligger vid slutet av Kefalos-stranden, precis förbi hamnen. Denna stenstrand förbises ofta på grund av sin unika karaktär, men det är just detta som ger den dess charm. Från stranden kan du se den lilla ön Kastri, som ligger som ett stenhugget mästerverk mitt i det turkosblå Egeiska havet. Kastri-ön, med sitt klippiga landskap och sparsamma vegetation, har en rik historia. På toppen av ön finns ruinerna av en gammal borg som en gång i tiden skyddade bukten mot pirater och fiender. På andra sidan ön hittar du ett litet kapell i blått och vitt, tillägnat Sankt Nikolaus, sjöfararnas skyddshelgon. Detta vackra kapell är en fridfull plats som inbjuder till reflektion och stillhet.

Kastri-ön kan nås med båt eller, för den äventyrslystne, med en simtur från Kefalos-stranden.

Låt mig ta dig med till **den magiska stranden**, en plats som verkligen lever upp till sitt namn, där det känns som om luften är fylld av förtrollning. Denna strand markerar den första organiserade delen av den långa sandsträckan som löper längs södra kusten av Kefalos och sträcker sig flera kilometer. Här, på denna soliga plats, kan du låta vågorna viska berättelser om avlägsna kuster medan solen färgar himlen i varma nyanser.

Precis bredvid, på östra sidan, hittar du **den exotiska stranden**, en nudiststrand där kropp och natur smälter samman i en målerisk harmoni. Här är frihet nyckelordet, där sanden smeker dina fötter och havet möter himlen i en vacker sammansmältning av ljus och vatten. Det är en plats för reflektion och stillhet, där gränserna mellan människa och natur suddas ut.

Kamari Beach, täckt av småsten, är perfekt för de som söker lugn och äventyr. Även om vågorna kan vara intensiva, skapar de en härlig rytm som är en gåva för de badande. Här kan du hitta en taverna precis vid stranden, där kulinariska läckerheter och svalkande drycker väntar på dig. Utsikten över den lilla ön Kastri ger **Kamari Beach** en alldeles speciell atmosfär – det är en oas av lugn och naturlig skönhet.

Aghios Theologos Beach, ett paradis dolt från tidens gång, ligger cirka 7 kilometer sydväst om Kefalos. Namnet kommer från Aghios Ioannis Theologos, Sankt Johannes teologen, som firas varje år den 29 augusti under en lokal festival. Resan till denna strand, längs en dammig väg som slingrar sig genom det dramatiska landskapet, är som en resa tillbaka i tiden. Klippor och dolda vikar väntar på de som är äventyrliga nog att utforska denna orörda kustlinje.

Nära **Aghios Theologos** ligger **Kata Beach**, en annan gömd pärla. Denna avlägsna strand är ett perfekt exempel på naturlig skönhet, dold från de vanliga turiststråken. Här, bland orörd natur, väntar en strandupplevelse som är både fridfull och spektakulär.

Vattnet runt **Kata Beach** dansar i nyanser av turkos och djupblått och omfamnar kusten som en kärleksfull omfamning. Sanden är mjuk och inbjudande, och när du vandrar längs stranden kan du nästan känna historiens vingslag. Längst bort på stranden ligger ett skeppsvrak, en stillsam påminnelse om tidigare tiders prövningar – en symbol för naturens obeveklighet och människans mod. Vraket, som vilar som en tidskapsel från det förflutna, ger stranden en unik och karakteristisk landmärke som gör platsen anmärkningsvärd.

Fjärran från turistmassorna erbjuder **Kata Beach** en oas av ro. Här kan du verkligen fördjupa dig i naturens tystnad och låta dig fascineras av den storslagna utsikten som sträcker sig ändlöst över horisonten. Denna strand är ett perfekt val för dem som söker fred och en känsla av avskildhet i naturens skönhet.

Kardamaina-stranden erbjuder ett rofyllt tillflyktsställe för familjer, belägen cirka 30 km från den livliga staden. Här kan du koppla av och låta vågorna skölja bort stressen medan du njuter av den fridfulla atmosfären vid havet. Stranden sträcker sig längs västkusten av Kardamaina som ett gyllene sandtäcke som möter det kristallklara Egeiska havet. Den långa strandlinjen inbjuder till total avslappning.

I slutet av stranden möter du en robust klippudde som naturligt skiljer Kardamaina från Kefalos. Detta skapar en gräns mellan två vackra världar. På östra sidan av Kardamaina dansar stränderna i takt med det brusande havet, och denna naturskönhet sträcker sig över flera kilometer. I horisonten reser sig Dikaios-bergskedjan majestätiskt och skapar en dramatisk kontrast mellan de robusta bergstopparna och det lugna havet.

Detta ger östra Kardamaina ett helt unikt uttryck där naturens kontraster möts på ett harmoniskt sätt.

Mastichari Beach, belägen cirka 15 km från Kos stad, är en gömd pärla som utstrålar idyll. Denna strand har en charmig liten hamn, omgiven av ett panorama av sanddyner och pinjeträd som skapar en lugn och avslappnad atmosfär. Den gyllene sanden sträcker sig mil efter mil längs kusten, och den fantastiska utsikten över de närliggande öarna ger en magisk känsla. Här kan du slå dig ner på en solstol under en parasoll eller låta fötterna sjunka ner i den varma sanden, precis som du vill.

En liten stig leder dig till slutet av bukten där du kan hitta mer privatliv bland sanddynerna. Detta område njuter av en mild bris, vilket ger en behaglig svalka under de varma sommarmånaderna, och den nordliga vinden för ofta med sig vågor som glädjer surfare. Även om tång ibland kan samlas längs kusten, påverkar det inte de många aktiviteterna som finns tillgängliga. Stranden har volleybollnät, basketplaner och spännande möjligheter som vindsurfing och katamaransegling. För de yngsta finns även en lekplats som gör eftermiddagen ännu roligare.

När du är här får du inte missa solnedgången – himlens färger är olika och unika varje gång och skapar oförglömliga ögonblick. Området är också hem till många tavernor och kaféer där du kan njuta av en måltid eller något kallt att dricka medan du lyssnar på vågorna.

För dem som söker ännu mer lugn ligger **Lakkos Beach** bara några kilometer från Mastichari, strax efter kraftverket. Lakkos är en avlägsen strand, liten till storleken men med en helt egen charm. Den mjuka sanden och det kristallklara vattnet gör detta till en perfekt plats för ett uppfriskande dopp. Den avlägsna platsen innebär att du ofta finner lugn och ro här – ett idealiskt ställe för att läsa en bok eller bara lyssna till havets lugnande ljud.

Sevärdheter

Kos, denna förtrollande pärla i Egeiska havet, är en skattkista av historiska underverk som väcker det förflutna till liv. Genomsyrad av kulturell rikedom och arkeologisk betydelse erbjuder ön en resa genom tidens många lager.

De historiska sevärdheterna i gamla Kos stad är som en öppen bok, där varje kapitel berättar en fascinerande historia. De arkeologiska utgrävningarna, av stor historisk betydelse, står som imponerande vittnesbörd om en svunnen tidsålder. Kos stad är uppdelad i fyra zoner, och varje zon öppnar upp för unika skatter och oförglömliga upplevelser.

Börja med hamnzonen, där historien lever längs kusten. Här kan du se resterna av gamla murar och försvarsverk och känna historiens puls. Den västra zonen döljer hemligheter från det förflutna, där gamla stenar viskar historier som vinden burit med sig genom århundraden.

Fortsätt till den centrala zonen, där du kommer att uppleva hjärtat av historiska Kos, med mykenska bosättningar och geometriska underverk som väntar på att utforskas. Slutligen, i den östra zonen, finner du fler historiska skatter som var och en berättar sitt eget kapitel av Kos' rika förflutna.

Sentrala zonen

Sentrala zonen i Kos är som en förtrollande labyrint av historiska skatter som tar dig på en resa genom tidens många lager. Detta fascinerande område består av rester från en mykensk bosättning och från den geometriska perioden, och gömmer skatter från den tidiga kristendomen. Utforska de arkeologiska underverken, där kopparföremål och små statyetter av de mäktiga grekiska gudarna har grävts fram – en gång förlorade i tidens dimmor men nu tysta vittnen om en svunnen era.

Vandra in i det förgångna och upptäck ett antikt bostadshus, där mosaikerna berättar historier om Asklepios och Hippokrates. Dessa fantastiska mosaiker, skapade med stor skicklighet och omsorg, pryder nu väggarna i det lokala museet, som fungerar som en tidsmaskin tillbaka till 200- och 300-talen. Medan du går genom de gamla gårdsplanerna stöter du på en liten bassäng från det tredje århundradet e.Kr., där ljudet av vatten som sakta rinner minner om en svunnen tid, medan mosaikerna på botten stolt berättar sin historia.

Hamnzonen

Hamnzonen är som en levande teaterscen, där stenarna själva verkar berätta historier från en annan tid. Varje arkitektoniskt inslag och varje inristad text förför och låter dåtidens själ dansa genom nuet. När du promenerar genom hamnområdet kliver du in i hjärtat av Kos historia, där utgrävningarna har blottlagt fragment av den storslagna antika stadsmuren. Detta arkitektoniska mästerverk, som började byggas på 400-talet f.Kr., har en imponerande höjd på cirka 7 meter och varierande bredd.

Bland dessa historiska skatter hittar du **Herakles helgedom**, ett heligt område som mäter 12,5 x 9 meter och daterar sig till 300-talet f.Kr. Inskriptionerna på stenarna avslöjar att templet var tillägnat den mytologiske hjälten Herakles. Här kan du även beundra golvmosaiker som avbildar scener med Orfeus och ett rikt djurliv.

Fortsätter du genom hamnen möter du **Agora**, som en gång var en myllrande marknadsplats, nu representerad av två stående och överbyggda kolonner. Detta område bjuder in dig att föreställa dig hur handel och samvaro en gång måste ha blomstrat här.

Inte långt därifrån, i samma historiska miljö, hittar du **Afrodites tempel** från 400-talet f.Kr. Denna helgedom var tillägnad kärlekens gudinna

Afrodite och står som ett levande monument över det förflutnas storhet och hängivenhet till gudinnan.

Den västra zonen

Den västra zonen på Kos är en port till det förflutna, där historien väver sina fascinerande berättelser. Här kan du föreställa dig det storslagna antika gymnasiet, **Xysto**, med sina majestätiska kolonner. Sjutton av de ursprungliga 81 kolonnerna står fortfarande stolt kvar och vittnar om den forna storheten som en gång prydde denna plats.

När du rör dig vidare upptäcker du resterna av gamla kristna basilikor som byggdes ovanpå delar av de romerska baden. En blick på **Nymphaion**, ett mästerverk från 300-talet, ger en unik inblick i vardagslivet på den tiden, då detta en gång fungerade som ett offentligt bad- och toalettanläggning.

Ett höjdpunkt i den västra zonen är mosaiken **"Europas bortförande"**, som dramatiskt skildrar den nakna Europa, gripen av tjuren Zeus, som bär henne genom vågorna till Eros, som håller en brinnande fackla.

Vidare kan du uppleva **Odeion**, ett kulturellt centrum som fortfarande pulserar med evenemang. Under 300-talet var detta platsen för teaterföreställningar och konserter, och du kan fortfarande föreställa dig samma aktiviteter äga rum här idag. Odeion fick sin betydelse belyst av den passionerade italienska arkeologen och konsthistorikern Luciano Laurenzi på 1930-talet.

Ett besök på **Casa Romana** rekommenderas varmt – ett restaurerat romerskt hus med tre vackra atrium och rymliga rum. Fresker, mosaiker och marmorgolv är noggrant bevarade och visar livet under 300-talet. Byggt av romarna på ruinerna av ett hellenistiskt hus, berättar Casa Romana en levande historia. Här väntar mosaiker av sjöjungfrur, lejon i kamp och mytologiska figurer på att utforskas som konstnärliga skatter från det förflutna.

Casa Romana är ett absolut höjdpunkt för alla som vill göra en djupdykning i Kos rika och fängslande historia.

Den östra zonen

Den östra zonen på Kos erbjuder en fängslande glimt av det förflutna, även om många av de ursprungliga mosaikerna nu har flyttats till museet på Rhodos. Bland de mest anmärkningsvärda konstverken som en gång prydde denna zon var en mosaik som skildrade havsguden Poseidons kamp mot den skräckinjagande jätten Polyvotis. Detta mästerverk, betraktat som ett av de vackraste fynden på Kos, har flyttats, men minnet av denna episka scen lever vidare.

Trots att några konstverk har försvunnit finns det fortfarande många historiska skatter att upptäcka innanför murarna i den östra zonens fästning. Här finner du rester av statyer, gamla kanoner, kyrkor och byggnader från den bysantinska perioden, daterade till omkring år 300 e.Kr. Det imponerande fästningsverket, som ännu står kvar, vittnar om en storhetstid inom militär arkitektur. En del av fästningen har sitt ursprung i medeltiden, bland annat stadsmuren som byggdes mellan 1390 och 1396 för att skydda staden.

Det är en plats där historien träder fram påtagligt, och varje sten och struktur bidrar till att berätta Kos' rika historia.

Fästningen

Fästningen i Kos stad fångar omedelbart uppmärksamhet med sina vackra venetianska bågar vid ingången, som står som ett storslaget monument och ett minne av den magiska medeltida arv från den venetianska perioden. Föreställ dig en majestätisk borg, noggrant uppförd med hängivenhet av riddarmunkarna i Johanniterorden. De material som utgör denna arkitektoniska pärla hämtades från antika helgedomar och tempelstenar, vilket sammanflätar det förflutna med medeltidens prakt.

Inne i borgen hittar du statyer som tysta vittnen till en förgången tid, och dolda arkeologiska skatter väntar på att upptäckas i varje hörn. Varje sten i fästningen bär på en historia, och varje vrå gömmer hemligheter från svunna epoker. När du når toppen av fästningen öppnar sig en magnifik panoramavy, som ett fönster till det förflutna. Härifrån kan du njuta av utsikten över hamnen och den strålande skönheten längs strandpromenaden, där du känner historiens närvaro mitt i dagens värld.

Riddermunkarnas stadsmur

Följ med på en resa genom tidens skyddande murar och upptäck Riddermunkarnas stadsmur, ett försvarssköld som byggdes mellan 1391 och 1396 för att med sin massiva struktur skydda staden. Denna imponerande mur är vackert sammanflätad med den äldre, antika stadsmuren och står som en kraftfull symbol för stadens försvarskraft. När du promenerar från Akti Miaouli till Akti Kountouriotou känner du historiens vingslag över Eleftherias-torget och Hippokrates' Boulevard, där det en gång fanns en vallgrav som förstärkte stadens försvar.

På den östra bastionen finner du vapensköldarna från stormästaren Heredias och guvernören di Lango Fr. Hesso di Schwegelholz, vilka påminner om riddarnas stolta arv. I den nordvästra delen står ett majestätiskt runt torn, medan den västra delen öppnar sig mot den imponerande Foros-porten. Denna port leder till ett litet torg där det legendariska Hippokrates-platanträdet breder ut sig. Här hittar du också bron som förbinder sig med Riddermunkarnas fästning och leder till borgens heliga ingång.

Loggia-moskén

Utforska de turkiska monumenten som fortfarande står som tysta vittnen från det förflutna. **Loggia-moskén**, uppförd 1786 av den turkiske amiralen Yasa Irli Hasan, reser sig stolt vid ingången till fästningen. I närheten av marknadsplatsen finner du **Defendar-moskén** och **Hadzi Pashas mausoleum**, som pryder hörnet av Hippokrates- och Mitropoleos-gatan. Dessa platser bär med sig ekon från den turkiska eran och står idag som arkitektoniska juveler från denna tidsepok.

Hippokrates och trädet

Stig in i historiens skuggor vid fästningens ingång, där **Hippokrates' platanträd** reser sig majestätiskt och sprider sitt förtrollande lövtak över området. Enligt legenden planterade Hippokrates själv detta träd för cirka 2400 år sedan, och idag skapar det en oas av stillhet och reflektion. Platanen, med sin massiva, robusta stam och utsträckta grenar, formar en naturlig kupol mot himlen. Dess grenverk breder ut sig som en kunglig släktlinje, horisontella och starka, fulla av århundraden av historia och kunskap.

Under detta träd ska **Hippokrates**, "läkekonstens fader", ha undervisat sina elever i konsten att bota och helbreda, och förmedlat sin visdom i platanens skyddande skugga. Det sägs även att aposteln Paulus predikade om kristendomens läror här under en av sina många resor, vilket ger platsen ytterligare en dimension av helighet och historia.

När du rör dig runt **Hippokrates' platanträd** märker du att det inte bara är ett vanligt staket som omger det. Detta är en historisk inramning som bär på minnen och mysterier. Vid första anblick möts du av en gammal brunn – en symbol för de dolda skatter som finns kvar från det förgångna. I närheten står också en sarkofag dekorerad med arabiska inskriptioner, som ett ytterligare vittnesmål om historiens väg till denna plats.

Fortsätter du österut, upptäcker du fler arkeologiska skatter bakom den magiska byggnaden **Diíkitírion**. En gammal romersk inskription, skriven på latin, påminner oss om visdomen från förr: *"Legum omnes servi sumus,"* vilket betyder "Vi är alla lagens tjänare". Denna inskription betonar lagens kraft och dess förmåga att överbrygga tid och rum, och förena det förflutnas lärdomar med dagens insikter.

Varje steg runt denna plats är som en tidsresa. Varje sten, inskription och symbol bär på en del av Kos' rika historia, där Hippokrates' kunskap och romersk rättvisa samexisterar. Detta är inte bara ett träd eller en plats omgiven av staket – det är en port till en värld fylld av historiska och medicinska under, där det förflutnas visdom lyser som stjärnor på en klar natthimmel.

Historien om Hippokrates

Läkaren Hippokrates var en visionär gestalt från Kos, verksam för omkring 2400 år sedan. Han var en enastående personlighet – både som filosof och som en av antikens mest eftertraktade helare.

Hippokrates föddes år 460 f.Kr. under den majestätiska olympiaden och kom från en framstående familj med rötter som sträckte sig ända tillbaka till självaste Asklepios. Hans mor, Fainareti, var en ättling till Herakles, medan hans far, Gnosidikos, kunde spåra sitt släktträd 18 generationer bakåt till Asklepios. Dessa förfäders imponerande arv formade grunden för en framstående läkare, djupt präglad av familjens stolta tradition och kärlek till läkekonsten.

Hans utbildning blev ett kalejdoskop av kunskap. Han undervisades av sin far och farfar och studerade vid Asklepios' helgedomar på Kos och Knidos. På sina resor genom Asien och Afrika tog han till sig lärdom från tidens största visa män. Bland annat mötte han filosofen Anaxagoras i Miletos, som fördjupade hans insikter om sambandet mellan kropp och själ.

Under sina resor besökte Hippokrates städer som Efesos och Lemnos, där han bekämpade epidemier och spred kunskap om hygien och hälsa. Hans rykte nådde kungar som Perdikkas II av Makedonien, där hans läkande förmågor blev kända för att stärka både kropp och själ.

Hippokrates kallades även till Aten under den förödande hungersnöden under Peloponnesiska kriget. Med sin intelligens och medmänsklighet hjälpte han staden, bland annat genom att organisera brasor för att rena luften och isolera de sjuka från de friska. Han blev stadens räddare.

Tillbaka på Kos tackade Hippokrates nej till en inbjudan från den persiske kungen Artaxerxes, som bad om hans tjänster. Artaxerxes drabbades senare av en stroke och dog, vilket i sin tur beskyddade Kos från hotet om persisk invasion.

Hela livet tvingades Hippokrates även hantera anklagelser från avundsjuka kollegor, men hans rykte förblev fläckfritt. Outtröttligt arbetade han för att förena läkare och bekämpa vidskepelse, och hans berömda läkared, Hippokrates' ed, blev en etisk kompass för alla framtida läkare.

Idag står Hippokrates-institutet på Kos som en hyllning till hans arv. Idén om institutet tog form 1955, och 1960 grundades det formellt genom ett kungligt dekret. Institutet står som en påminnelse om en av medicinens största gestalter, och hans läkared inspirerar fortsatt läkare över hela världen.

Glöm inte att besöka dessa platser

Museet i Kos stad

När du kliver in i museets förtrollande värld möts du av en arkitektonisk pärla, belägen på Eleftherias-torget, som en tidlös väktare av det förflutna. Byggnaden som rymmer museet är vacker i sin enkelhet och bjuder in dig till en harmonisk dans mellan historia och arkitektur.

Foajén utgör porten till detta arkeologiska äventyr. Under den strama och enkla arkitekturen öppnas ett skattskafferi från det förflutna för nyfikna besökare. Museets föremål är noggrant placerade som tidsmaskiner och tar oss på en resa genom Kos' rika historia. Här kan du upptäcka offeraltare i olika former, gudomliga byster av exempelvis Demeter och den majestätiska Agrippina den Yngre från första århundradet e.Kr.

Bland museets reliefer finner du imponerande avbildningar av djur, som hästar och lejon, som väcker fantasin till liv. I ett hörn kan du beundra en mosaik som skildrar Asklepios' ankomst till Kos, där han välkomnas av Hippokrates och en lokal invånare – ett konstverk från andra eller tredje århundradet e.Kr., som flätar in historia i vackra, färgstarka mönster.

Museet hyser även statyer från andra århundradet av Dionysos, tillsammans med en satyr och Pan, samt Artemis med sin trogna hund. Varje steg i museet är en upptäcktsfärd där varje hörn och varje utställning avslöjar fascinerande glimtar från det förgångna.

Antimachia-fästningen

Antimachia-fästningen är en levande berättelse om storhet och historia. Detta imponerande byggnadsverk restes med omsorg av hantverkare från Johanniterorden mellan 1322 och 1346. Beläget på en hög platå mitt på ön står fästningen som ett monument över strategisk briljans. Med en omkrets på hela 970 meter omfattar fästningen ett område på 26 250 kvadratmeter. Det är inte bara en fästning; det är en episk plats där historia, arkitektur och militär strategi möts.

När du går genom huvudingången, som vetter mot nordväst, kliver du in i en labyrint av historiska stigar som leder dig genom en rik värld av det förflutna.

Asklepios' helgedom

I en tid då gudarna hade stort inflytande över det antika Grekland reser vi till hjärtat av **Asklepios' helgedom** på Kos. Detta tempel, tillägnat läkekonstens gud Asklepios, står som ett levande vittnesbörd om gudomlig visdom och helande, fylld av legender och historia.

Asklepios, son till visdomens gud Apollon och dottern Koronis från Thessalien, föddes in i en tragisk berättelse präglad av otrohet och gudomlig intervention. Efter sin mors död räddades han av Apollon och uppfostrades av kentauren Kheiron, som undervisade honom i läkekonstens alla aspekter i de grönskande skogarna på Pelion. Asklepios växte upp till en mästare i medicinsk visdom och dyrkades som en gudomlig helare, uppskattad av både gudar och människor.

Asklepios' inflytande spred sig över hela det antika Grekland, och helgedomar, kända som *Asklepieia*, uppfördes till hans ära. Omkring 300 sådana helgedomar blomstrade i natursköna omgivningar, och bland dem lyste **Asklepieion på Kos** som en strålande stjärna. Helgedomen var belägen på en höjd, cirka 100 meter över havet, omgiven av gröna skogar och mineralrika källor. Enligt den antike historikern Pausanias fick ingen dö eller födas i den heliga skogen runt templet.

Det sägs att dyrkan av Asklepios fördes till Kos av folk från Thessalien eller Epidauros, och helgedomen fungerade i århundraden som ett centrum för helande innan den begravdes i historiens glömska.

År 1899 påbörjade den tyske arkeologen Herzog sitt sökande efter att återupptäcka Asklepios' helgedom. Tack vare den lokala invånaren Jakovos Zaraftis' övertygelse lyckades utgrävningarna, och stenarna i helgedomen kunde åter synas i dagsljus.

Idag, när du besöker Asklepios' helgedom, vandrar du längs en cypressträdsallé som leder dig in i ett imponerande byggnadsverk indelat i tre nivåer. Från pelargångar och vattenfontäner till ruinerna av ett doriskt tempel tillägnat Asklepios på den översta nivån, berättar varje område sin egen historia. På den tredje nivån finner du ruinerna av ett stort tempel från 200-talet f.Kr., och statyer av Asklepios och Hygeia påminner oss om en tid då tron på gudomlig helande var djupt rotad, samtidigt som Hippokrates' medicinska arv växte fram.

Spännande byar

När vi utforskar Kos omfamnar naturen oss och bjuder in oss att upptäcka charmiga byar, som pärlor på ett snöre, redo att utforskas och älskas.

Antimachia är en tidlös by som ligger i hjärtat av Kos, på ett frodigt platå nära flygplatsen. Denna by bär stolt sin historia, som sträcker sig över mer än 3000 år. Antimachia är en av de äldsta bosättningarna på ön, med rötter som går tillbaka till klassisk tid och legenden om Antimahos, Herakles son. Genom historien har byborna sökt skydd längre in på ön, bort från de pirater och rövare som hotade kusten.

Den 23 april 1926 drabbades Kos av en jordbävning med magnitud 5,4, med Antimachia som epicentrum. Två liv gick förlorade, 200 personer skadades, och runt 70 hus i Antimachia förstördes. Efter jordbävningen valde 18 familjer att flytta till **Mastichari**, en kustby som fått sitt namn efter mastixträd som en gång frodades i området. Mastichari planerades 1930 av italienska myndigheter och fick ett gatunätverk som formade den nya staden. Idag är Mastichari en charmig kuststad, känd för sina vackra stränder och sin närhet till ruinerna av en gammal hamn och en tidig kristen bosättning, som upptäcktes av den tyske arkeologen Ludwig Ross år 1844.

Under andra världskriget byggde tyskarna en träbrygga i Mastichari för militärt bruk, som var i drift fram till att dagens hamn byggdes på 1980-talet. I decennier samlades byns vattenmelonskördar vid Mastichari-stranden för vidare transport till ön Kalymnos. Både Antimachia och Mastichari bär på historier om uthållighet, tillväxt och anpassning, och erbjuder besökare möjligheten att fördjupa sig i öns rika historia och vackra natur.

Asfendiou är en pittoresk by belägen vid foten av Dikaios-berget, där historia möter det moderna livet i en harmonisk dans. Byn **Zia**, en del av Asfendiou-området, anses vara en av de vackraste på hela ön. Zia breder ut sig som en grönskande oas, och när du promenerar genom staden omsluter grönskande vegetation dig som en mjuk filt. Färgglada blommor, lugna porlande källor och fågelsång skapar en avslappnande atmosfär som väcker alla dina sinnen. Invånarna i Zia är kända för sin gästfrihet, och i deras leenden och värme finner man berättelser om stadens långa historia.

Från utsiktsplatsen **Kefalovrissi** kan du njuta av ett fantastiskt panorama, där havet och de omkringliggande öarna breder ut sig som ett målat landskap framför dig. Zia har blivit ett populärt resmål för turister som söker det autentiska Kos och naturens skönhet.

Assomatos är den största byn i Asfendiou-området och vilar vid foten av Dikaios-bergskedjan. Namnet härstammar från **Assomatos-kyrkan**, som ligger centralt i byn. Kyrkan har spelat en viktig roll i byns utveckling och har bidragit ekonomiskt genom att erbjuda lån till jordbrukare och företagare. Dessutom har kyrkan bidragit till byggandet av flera skolor i området. De traditionella husen i Assomatos är byggda i sten och har ofta en rektangulär form med tak av trä eller bambu, vilket speglar områdets arkitektoniska arv.

Här, där historia och natur går hand i hand, berättar varje stenhus en historia om ett rikt samhälle som formats under bergens skugga. Bland de geometriska formerna och naturliga takmaterialen levde människor i harmoni med sitt landskap och skapade en vänlig symfoni med naturen.

När du kör in i byn **Evangelistria** är det första du ser Evangelismos-kyrkan, oavsett om du kommer från Lagoudi, huvudvägen eller Zia. Byn sträcker sig söder- och österut från kyrkan och har bevarat en genuint traditionell atmosfär. Många av de gamla husen har restaurerats, vilket gör Evangelistria ännu mer pittoresk. Om du promenerar österut når du förorten **Pera Geitonia** efter bron, och längre upp finner du **Assomatos**. Det finns också övergivna olivpressar i området som är värda ett besök.

En kullerstensväg förbinder byn med **Zipari**, men stora delar av den har försvunnit med tiden. Evangelistria har också varit känd som **Karyiotes**, vilket vissa tror beror på produktionen av valnötter, eller för att byn en gång beboddes av folk från **Karia** i Mindre Asien. Andra tror att namnet kan härledas från träarbetare från Ikaria eller från invånarnas mod.

Zipari ligger som en juvel på det flacka landskapet norr om Asfendiou, längs vägen från Kos stad till Kefalos. De senaste åren har Zipari vuxit stadigt eftersom många som arbetar i Kos stad föredrar att bo här och dra nytta av byns moderna bekvämligheter. Byns kännetecken är församlingskyrkan **Analipsis tou Sotiros** (Frälsarens Himmelsfärd). I regionen runt Zipari har man även funnit ruiner från tidiga kristna basilikor, såsom **Agios Pavlos** (Sankt Paulus) och **Kapamas**.

Kardamena är en kuststad som en gång präglades av fiske och bördigt jordbruk. Än idag skyddas den av den gamla fästningen **Antimachia**, som står som ett levande minne från svunna tider. Borgen påminner oss om områdets historiska betydelse, men Kardamena har genomgått en omfattande förändring och är nu mest känd för sin nästan sex kilometer långa strand och sitt livliga nattliv. Staden bjuder på ett stort utbud av barer, nattklubbar och tavernor som får pulsen att slå snabbare när mörkret faller.

I **Kefalos**, en avlägsen pärla på ön, dansar fiskarna med havet medan sandstränderna badar i kristallklart vatten. Under det mäktiga **Zini-berget** döljer sig skatter som **Aghios Ioannis-klostret** och den enkla **Aghios Antonios-kyrkan**. Här breder sig öns mest förtrollande sandstrand ut som ett naturens eget konstverk. Denna strand är mer än bara en plats för bad; den är öns pulserande hjärta, täckt av fin sand som bjuder in till en stunds äkta ö-idyll. Det klara, akvamarinblå vattnet gnistrar som flytande diamanter under solens varma strålar.

För de äventyrslystna väntar ett hav av vattensporter. Här kan du kasta dig ut i vågorna på en surfbräda, känna vinden i ansiktet under parasailing, eller paddla ut i det azurblå havet i en kajak. Historien gör sig även påmind i denna kustpärla; 1922 grävde arkeologerna Alessandro Della Seta och Doro Levi fram fossiler och historiska skatter från en förlorad paleontologisk era. Dessa fynd, hämtade från **Aspri Petra-grottan** i det förtrollande **Palatia-området**, ger en glimt av en svunnen värld. År 1928 återupptäckte Luciano Laurenzi **Aghios Stefanos-basilikan**, som än idag står som ett vittnesbörd om forna tiders prakt.

Bara åtta kilometer från byn reser sig **Zini-berget** majestätiskt och bär **Aghios Ioannis-klostret** på sina axlar. Varje år, den 29 augusti, firar lokalsamhället en stor fest för att hedra klostret och dess betydelse för området.

Stanna till på högra sidan och upptäck **Kastri**, hem för den ödmjuka **Aghios Antonios-kyrkan**, där historien vävts in i varje sten. Om du vänder blicken mot horisonten på motsatt sida finner du **Limionas**, en pittoresk vik där segelbåtar tryggt vaggar skyddade från stormens raseri. Längre österut, vid **Kap Helona**, sträcker sig den gyllene stranden **Almiros** ut, även känd som **Paradissos**. Utan tvekan är detta ett paradis där naturens symfoni spelar sin förundrans melodi. Här, vid vattenbrynet, ser man luftbubblor som dansar mot ytan som lekfulla andar – ett subtilt tecken på det vulkaniska hjärta som slår djupt under jordens yta. Under solens varma strålar förvandlas Paradissos till en levande tavla, där havets färger harmoniserar med himlens blå toner och det frodiga landskapet.

Langs de slingrande stigarna i Dikaiosbergen finner du den övergivna byn **Koniario**, även känd som **Konidario**. Namnet härstammar från

Iconium (dagens Konya i Turkiet), platsen där de turkiska nybyggarna i byn ursprungligen kom från. Byn befolkades av muslimer under det osmanska styret. Enligt historikern **Iakovos Zaraftis** hade byn omkring 25 hus och cirka 100 turkisktalande invånare 1917. Dessutom bodde cirka 15 familjer av kryptokristna här. **Koniario** övergavs på 1950-talet, men ruinerna av en moské och flera fallfärdiga tvåvåningsgårdar finns fortfarande kvar att besöka. Byns främsta inkomstkälla kom från får- och getuppfödning, och många av fikonträden i området togs ursprungligen hit från Turkiet.

Nära **Koniario** ligger **Koniario-skogen**, ett skyddat område som är perfekt för vandring eller picknick. Omgiven av grönska och de milda ljuden från porlande källor inbjuder **Plaka** till en stunds fridfull naturupplevelse, där endast fågelsången bryter tystnaden. I **Kamari**, där solen kysser stranden, hittar du ruinerna av **Aghios Stefanos-basilikan** samt den vulkaniska bukten **Almiros**, som avslöjar de dolda krafterna under jordens yta.

Tänk dig att du beger dig på en magisk resa från den pulserande staden Kos söderut, och 12 kilometer senare anländer du till det förtrollande **Tingaki**. Här, nära denna lilla stad, breder ett äventyrsland ut sig i form av ett saltutvinningsområde. De nyare bosättningarna ligger i frodiga låglandsområden, medan de gamla bosättningarna gömmer sig bakom lummiga bergssluttningar, som om naturen skapat en hemlig teaterscen. Kristallklara källor rinner harmoniskt fram och ger inte bara livgivande dricksvatten utan även näring åt de odlade fälten som blomstrar i ett färgsprakande landskap. I denna region dansar dåtid och nutid tillsammans som gamla vänner. Staden pulserar i takt med naturens rytm, och turismen vävs in i vardagslivet som en viktig livsnerv. Många av invånarna deltar i denna dans, och tillsammans skapar de ett levande gemenskap där varje leende och hälsning är som ett kapitel i den stora gästfrihetens bok.

Runt Asfendiou finner man två gamla kristna kyrkor, **Aghiou Ioannou** och **Kapama-basilikan**, som gamla själar som fortfarande viskar om forna tiders heliga stunder.

Pyli, insvept i legender och omfamnad av källor, står som ett levande vittnesmål om det förflutnas mysterier. Här berättar venetianska fästningar och vördnadsvärda kyrkor historien om **Antimahia** och bjuder oss att fördjupa oss i ett kulturellt arv. Beläget endast 15,6 km från Kos stad, tar Pyli emot oss med en skattkista av berättelser och äventyr. Vägen till Pyli slingrar sig sagolikt från huvudvägen, och vid denna magiska skärningspunkt breder en liten sjö ut sig och välkomnar resenärer till ett lugnande stopp. Änder simmar graciöst i det klara vattnet, och skapar ett levande landskap av naturens balett.

Pyli sprider sig över småorterna **Amaniou** och **Konidario**, som en prunkande trädgård fylld av lantbrukets glädje. Här vårdar invånarna jorden med kärlek och omsorg, vilket skapar ett bördigt landskap som närs av källorna **Harmiliou** och **Pighis**. Dessa källor, områdets livspuls, ger vatten till odlingarna och fyller landskapet med frodiga gröna nyanser. Under solens gyllene sken avslöjar Pyli stolt resterna av **Harmilons grav**, en forntida kung vars legendariska historia fortfarande ekar i området. Längs de kullerstensbelagda gatorna står en gammalkristen basilika, ett levande vittnesmål om den helige **Christodoulos'** vision som lät denna arkitektoniska skatt resa sig mot himlen.

Men vänta, det finns mer magi gömd i **Amaniou**! År 1928 öppnade den italienska arkeologen **Luciano Laurenzi** en dörr till det förflutna och avtäcker ett tempel tillägnat de eleusinska mysterierna.

Zia, som ligger vid foten av **Dikaios-berget**, Kos högsta topp på 846 meter över havet, är en förtrollande by som ligger i den sydligaste och högsta delen av **Asfendiou**. Omgiven av frodiga fruktträd och kristallklara källor som **Kefalovrysi** är området känt för sin unika naturskönhet och traditionella charm. Trots att Zia har behållit sin autentiska atmosfär har den utvecklats till en av öns mest populära turistattraktioner och lockar många besökare, särskilt längs huvudvägen där butiker med handgjorda souvenirer och lokala produkter blomstrar.

En utflykt till Zia rekommenderas särskilt för att utforska den övre delen av byn, som behållit mest av sin ursprungliga charm. Byns skogar och den friska bergsluften skapar en svalkande atmosfär, vilket gör Zia till ett perfekt tillflyktsort från den varma grekiska sommaren. Vattnet från **Kefalovrysi-källan** rinner genom byn och har under århundraden drivit vattenkvarnar och bevattnat de omgivande fälten.

Det är idealiskt att komma tidigt på eftermiddagen för att hinna ta en tur i skogen eller klättra upp till toppen av **Dikaios-berget**, där du finner **Christos-kyrkan**. Utsikten från toppen är spektakulär och bjuder på panoramavyer över Turkiet och öarna **Pserimos**, **Kalymnos** och **Nissyros**. Det rekommenderas att vara försiktig på stigen, särskilt efter solnedgången.

När du återvänder till **Zia** efter bergsvandringen kan du välja mellan flera lokala tavernor som serverar traditionella grekiska rätter. Utsikten från tavernorna är en av Zias mest välkända dragplåster, särskilt under den fantastiska solnedgången som färgar himlen över havet. Börja måltiden med en klassisk **ouzo** för att koppla av, följt av en serie **mezedakia** (smårätter). Till huvudrätt kan du välja bland ett urval av traditionella rätter och avsluta med en dessert som **ravani, galaktoboureko** eller grekisk yoghurt med söta frukter, beroende på säsongens utbud.

Zia är en plats som kombinerar naturens skönhet med autentisk grekisk kultur, och en dag här kommer att lämna dig med oförglömliga minnen.

Naturen

Längst sydväst på Kos ligger **Cape Krikelos**, en naturlig pärla i det kuperade landskapet runt **Kefalos**. Terrängen här är vild och täckt av den typiska medelhavsvegetationen, med glest spridda gröna inslag. De frodiga tallträden runt **Aghios Mammas** ger området en extra charm. Utsikten från Cape Krikelos är helt enkelt spektakulär och väl värd ansträngningen att ta sig dit. Det här är utan tvekan en av de bästa utsiktspunkterna på hela ön. För att nå detta natursköna ställe följer du först vägen mot Aghios Mammas och sedan tar du dig vidare till uddens yttersta punkt.

Här finns inga tydliga markerade stigar, förutom de små spår som getterna skapat genom åren. När du står inför Cape Krikelos, är det bäst att börja på höger sida för att undvika de mest utmanande delarna av terrängen. Vägen tillbaka mot **Cavo Paradiso** är enklare – håll till höger och undvik kanten av klippan för att komma runt bergsryggen. Vandringen kan vara krävande med branta sluttningar, så var uppmärksam på hala klippor. Trots utmaningarna finns det gott om plats att navigera tryggt. Klippformationerna bär tydliga spår av naturens krafter och har antagit fascinerande, nästan sagolika former som påminner om fantasifulla varelser.

Under **Aspri Petra-grottan** i Kefalos ligger **Cape Routhianos**. För att nå dit följer du en dammig stig som ursprungligen leder till Aspri Petra. Det är viktigt att komma ihåg att vägen inte alltid är i bästa skick, särskilt efter vintersäsongen då rinnande vatten ofta formar stigen. Trots de utmaningar du kan stöta på under vägen, är belöningen vid ankomsten väl värd mödan – en upplevelse som fångar naturens skönhet och erbjuder en spektakulär utsikt som tar andan ur dig.

Grottene i Kefalos er et fascinerende reisemål som gir besøkende et innblikk i imponerende klippeformasjoner og historiens spor i landskapet. Disse hulene, som ligger bare rundt 100 meter fra den karakteristiske Kefalos-vindmøllen, er en av de største og mest tilgjengelige hulesystemene i området. Fjellene som omgir hulene, har blitt formet av erosjon, noe som har skapt unike formasjoner langs platået der landsbyen Kefalos ligger. Grottene har gjennom tidene tjent ulike formål: noen har fungert som ly for geiter og sauer, mens andre har blitt brukt som lagerrom. Hulenes kombinasjon av naturlig skjønnhet og praktisk bruk gjennom historien gjør dem til et spennende utforskningsmål for den eventyrlystne.

Utforsk **Kezi-fjellene**, en storslått del av naturen hvor spektakulære utsikter venter. Her åpner majestetiske fjelltopper seg mot det krystallklare havet i det fjerne. Stien gjennom Kezi byr på vakre landskap og imponerende klippeformasjoner, mens høye tretopper skaper en magisk atmosfære rundt deg. Hvert skritt på denne pittoreske ruten avdekker nye panoramaer, og den naturlige skjønnheten i området gjør det til et unikt sted å oppleve øyas landskap.

På **Mount Thymianos**, som rager 450 meter over havet, kan du oppleve en kombinasjon av natur og historie. Fjellet har fått sitt navn fra den ville timianen som dekker området og har den sjarmerende Aghios Ioannis Thymianos-kirken (også kjent som Krikelos) på sin vestlige skråning. Under andre verdenskrig fikk fjellet også en militær betydning. De italienske okkupasjonsstyrkene bygde fire fyrtårn her for å lette tilgangen til lufthavnen, beskyttet av en italiensk utpost med syv skytterstillinger. Tårnene, som var 8 meter høye, ble ødelagt av en tysk styrke den 6. september 1944, og ruinene etter denne hendelsen er fremdeles synlige i dag. For den observante kan man se rester av eksplosjoner, tomhylser og metallfragmenter – stille vitner om fjellets dramatiske fortid.

Langs veien fra flyplassen mot Kefalos åpner det seg et magisk landskap, og omtrent en kilometer fra rundkjøringen finner du **Plaka**, en nydelig furuskog som strekker seg som et grønt teppe ned mot det dype, indigoblå havet. Selv om det tette vegetasjonslaget av tistler og bjørnebær kan gjøre utforskning noe utfordrende, vitner den frodige vegetasjonen om områdets rike grunnvann, som særlig kommer til syne i sommermånedene.

Stemningen i Plaka er en opplevelse av forfriskende ro, med sval skygge fra trærne og en mild vind som bringer fuktigheten fra havet inn i skogen. Påfugler i all sin prakt streifer rundt i området og fremviser sine fargerike fjær, som levende kunstverk blant trærne. Benker langs stiene inviterer besøkende til å sitte ned og nyte den fredfulle atmosfæren i sitt eget tempo.

Plaka har også en historisk dimensjon; området ble utviklet rundt Plaka-kilden under den italienske okkupasjonen. En egen liten grop tilberedt for steking av lam eller geit under påske er et element som knytter moderne besøkende til tradisjonene. Når du er klar til å fortsette reisen, kan du følge grusveien som leder deg tilbake mot Antimachia og Kefalos, og videre inn i nye eventyr.

Plakeri, et naturskjønt område nær toppen av Dikaios-fjellet, lokker eventyrlystne med sitt spektakulære landskap. Her, like ved det høyeste punktet Psilo Vouno, ligger store, imponerende steinplater som har formet en fascinerende scene i naturen. Selv om stien kan være krevende, er belønningen den enestående utsikten over landskapet rundt – en naturopplevelse som gjør inntrykk på både kropp og sjel.

Dette stedet tiltrekker seg de som ønsker å fordype seg i naturens skjønnhet og utforske unike klippeformasjoner. Små stier slynger seg mellom de store steinene, og hvert steg fører til nye oppdagelser. De store steinplatene, med sine intrikate mønstre, gir en visuell nytelse som kompletteres av de panoramiske utsiktene. Plakeri tilbyr ikke bare en fysisk utfordring, men også en spirituell opplevelse, der utsikten over Psilo Vouno avslører øyas sjel på en særegen måte.

Turen starter ved foten av Psilo Vouno, 846 meter over havet og Dikaios-fjellkjedens høyeste punkt. Stien begynner ved Monagri, og landskapet åpenbarer gradvis sin skjønnhet underveis. Dette er en krevende rute, og det anbefales å gå sammen med noen som kjenner området, spesielt om sommeren når temperaturen stiger. Underveis finner du fredelig skygge og lydene av skog og fjell som en konstant følgesvenn.

Blant de naturskjønne omgivelsene står Christos-kirken, en helligdom som hviler på fjellet. Dikaios-fjellet, tidligere kalt Oromedon, bærer denne kirken, dedikert til Kristi forvandling. Bygget på ruinene av en tidligkristen kirke, står Christos-kirken som et levende vitnesbyrd om tro og standhaftighet. Kirkens historie strekker seg tilbake til det 13. århundre og er blitt restaurert flere ganger, og hver stein i kirken forteller en historie om religiøs arv og øyas dype kulturhistorie.

Verdt å vite

Ambassaden og Utenriksdepartementet

Den svenska ambassaden i Aten kan assistera om du som svensk behöver hjälp under vistelsen i Grekland. Ambassaden är belägen på Vassileos Konstantinou 7, 106 74 Aten, och kan kontaktas på telefonnummer +30 210 72 66 100 eller via e-post på ambassaden.athen@gov.se. Öppettiderna för besök är måndag till fredag mellan kl. 10:00 och 13:00. Det rekommenderas att boka besök i förväg, och ambassaden är stängd under helger samt på svenska och grekiska nationella helgdagar.

För reseinformation och uppdateringar rekommenderas att använda UD app "Svensklistan" för att få aktuella reseråd och registrera dig i resebevakningen. Detta kan vara värdefullt vid oväntade situationer under resan.

Drikkepenger

Selv om serviceavgift ofte er inkludert på restauranter og i taxi, er det vanlig å legge til 5-10 % ekstra ved god service. Hotellansatte og andre servicearbeidere vil også sette pris på en liten ekstra takk for sitt arbeid.

Helligdager på Kos og i Hellas

Her er en oversikt over de viktigste helligdagene på Kos og i Hellas. På disse dagene er banker og butikker vanligvis stengt:

- **1. januar:** Nyttårsdag

- **6. januar:** Helligtrekongersdag (Epifania)

- **25. mars:** Nasjonaldag, til minne om starten på Uavhengighetskrigen i 1821

• **Påske:** Den største helligdagen i Hellas, som følger den julianske kalenderen og feires senere enn den vestlige påsken hvert fjerde år.

• **1. mai:** "Protomagia" (Mai-dagen), der grekere ofte går ut i naturen for å plukke blomster og lage blomsterkranser. Disse henges på dører og brennes symbolsk etter 40 dager.

• **15. august:** Jomfru Marias Himmelfart

• **28. oktober:** Ochi-dagen, en minnedag for Hellas' avslag på Mussolinis krav om kapitulasjon i 1940.

• **25. og 26. desember:** Juledag og andre juledag

Mat och dryck

Jag vill direkt säga att dessa rätter är några av mina egna traditionella favoriter och en nödvändig del av mina besök på Kos. Ön erbjuder dock en fantastisk och mångsidig gastronomi som kombinerar färska, lokala råvaror med autentiska grekiska smaker. Glöm inte heller alla härliga fiskrätter som ön har att erbjuda.

- **Souvlaki:** Saftigt grillat kött, perfekt marinerat och serverat på spett. En äkta klassiker på Kos där lamm eller kyckling får en oemotståndlig smak från grillen.

- **Moussaka:** Denna härliga gratäng kombinerar aubergine, potatis och köttfärs, toppad med en krämig béchamelsås.

- **Fasolada:** Greklands nationalrätt – en näringsrik bönsoppa gjord med vita bönor, tomater, lök och olivolja.

- **Kleftiko:** Långbakad lammkött marinerad med lokala örter och kryddor som smälter i munnen.

- **Grekisk sallad:** Färgglad sallad gjord på tomat, gurka, fetaost och oliver, toppad med en skvätt jungfruolivolja.

- **Tzatziki:** En uppfriskande dip gjord av yoghurt, gurka, vitlök och färska örter – perfekt som tillbehör.

- **Dolmades:** Vindolmar fyllda med ris och kryddor, en lätt förrätt med fräsch smak.

- **Saganaki:** Grillad ost, ofta serverad med en skvätt citron – en smakexplosion som förrätt.

• **Octopus:** Njut av grillad bläckfisk, en specialitet som fångar essensen av den maritima matupplevelsen på Kos.

• **Baklava:** Avsluta måltiden med denna söta dessert gjord av filodeg, nötter och honung – en favorit för den som älskar sötsaker.

Dessa rätter speglar den autentiska smaken av Kos. Lokala restauranger låter dig njuta av dessa delikatesser i en avslappnad miljö. Även om det finns många turistrestauranger, erbjuder de flesta både utmärkt mat och genuin grekisk atmosfär.

När du äter ute på Kos är det nästan oundvikligt att du erbjuds en Raki eller Ouzo, två drycker som är välkända inom den grekiska kulturen och ofta njuts som en aperitif eller avslutande dryck efter måltiden.

• **Raki:** Ett starkt druvdestillat, framställt av druvrester som skal och kärnor. Den är känd för sin intensiva smak och serveras ofta som en klar dryck.

• **Ouzo:** En anisbaserad aperitif med lakritssmak. När den blandas med vatten blir den mjölkvit. Ouzo serveras traditionellt med is eller vatten och åtföljs ofta av små aptitretare, kallade ”mezedes”.

Lokala viner

De lokala vinerna på Kos är en upplevelse för vinälskare där varje glas berättar historien om öns vintradition.

- **Asyrtiko:** Denna vita druva är en stjärna i det varma medelhavsklimatet och skapar friska vita viner med mineraltoner och hög syra, perfekt för grillad fisk och skaldjur.

- **Aidani:** En annan vit druva med blommiga och fruktiga toner, ofta använd i blandningar för att ge vin komplexitet.

- **Athiri:** En lokal vitvinsdruva som ger lätta och uppfriskande viner med subtila citrus- och blomnoter.

- **Mavrotragano:** En kraftfull röd druva som ger fylliga smaker av röda bär och kryddor, med bra struktur och tanniner.

- **Mandilaria:** En annan röd druva känd för sina djupa, robusta viner med smak av mogna bär och en intensiv färg.

- **Nykteri:** En traditionell stil av vitvin där druvorna skördas sent på dagen och jäses naturligt, vilket resulterar i komplexa och fylliga viner.

- **Malagousia:** Fast denna druva ofta associeras med det grekiska fastlandet, produceras den också på Kos och ger aromatiska vita viner med citrus och en fin blommig profil.

Varje vin har sin unika historia och representerar en del av Kos' långa och stolta vintradition. Utforska dessa lokala viner för en autentisk smakupplevelse som speglar öns kultur och kärlek till vinproduktion.

Vingårdar

Vingårdarna på Kos är en genuin del av öns rika vintradition, och ett besök här lyfter vinupplevelsen till nya höjder.

- **Hatzidakis Winery:** Beläget i byn Antimachia och känt för ett brett sortiment av viner, från friska vita till fylliga röda och dessertviner. Vingården använder traditionella produktionsmetoder som verkligen fångar öns terroir.

- **Triantafyllopoulos Vineyards:** Denna vingård, som ligger i byn Asfendiou, specialiserar sig på ekologiska viner. Här odlas lokala druvor som Asyrtiko och Aidani, och besökarna får en autentisk och hållbar vinupplevelse i natursköna omgivningar.

- **Tsalapatis Winery:** I området Pyli finner du denna familjeägda vingård, som erbjuder ett varierat utbud av viner och bjuder in till vinprovningar i traditionella miljöer. En verklig pärla för vinälskare som vill fördjupa sig i lokala smaker.

- **Panteli Vineyards:** Nära byn Lagoudi ligger Panteli Vineyards, känt för sina ekologiska viner och sin spektakulära utsikt. Vingården fokuserar på hållbar vinproduktion med lokala druvsorter som skapar en unik vinupplevelse.

- **Kefalos Winery:** Belägen i det pittoreska området Kefalos, är denna vingård känd för sin varma gästfrihet och sitt breda urval av viner. Besökare kan utforska vingårdens historia genom guidade turer i vinkällaren.

Det är alltid bra att kontakta vingårdarna i förväg för att bekräfta öppettider och boka ditt besök. Vingårdarna på Kos erbjuder en smakfull resa genom öns unika vintraditioner, med druvsorter som speglar dess speciella terroir.

Mygg

Myggmedel är din bästa vän på Kos, där de små krypen kan vara riktigt påträngande. Vi rekommenderar att du alltid har ett elektriskt myggskydd att koppla in i vägguttaget för att hålla dem borta från bostaden. Myggljus är också trevliga att tända på kvällen på balkongen för att skapa en mysig atmosfär och hålla myggen på avstånd.

Nödnummer

Förhoppningsvis får du inte behov av dessa nummer, men om olyckan skulle vara framme, ha dem i åtanke:

- Ambulans: 166
- Brandkåren: 199
- Polis: 100

Pass och visum

Som svensk medborgare kan du resa till Grekland utan visum och stanna upp till 90 dagar. Kom ihåg att ditt pass måste vara giltigt under hela vistelsen. Se också till att barn har egna pass.

Rökning

Om du röker är det bra att känna till att Kos har strikta rökregler. Rökning är inte tillåten på kollektivtrafiken, i offentliga byggnader eller på flygplatsen. Men oroa dig inte, många caféer, restauranger och tavernor har särskilda rökzoner. Sommaren avnjuts ofta bäst utomhus, så det brukar lösa sig smidigt.

Säkerhet

Kos är en säker ö med låg kriminalitet, men det är alltid klokt att använda sunt förnuft, hålla koll på sina ägodelar och vara uppmärksam på sin omgivning.

Ström

Eluttagen på Kos har en spänning på 220V, precis som i Sverige, och kontakterna är av samma typ, så du behöver inte tänka på att ta med någon adapter.

Sjukdom

Hälsan är viktig! Ta alltid med dig det europeiska sjukförsäkringskortet, men kom ihåg att även teckna en extra reseförsäkring. Du vet aldrig vad som kan hända, och med reseförsäkringen är du bättre skyddad. Spara alla kvitton om du skulle behöva medicinsk hjälp under resan.

Tidszon

Grekland, och därmed Kos, ligger en timme före Sverige. Kom ihåg att ställa fram klockan en timme när du anländer.

Turistskatt

Sedan den 1 januari 2018 har Grekland infört en turistskatt som gäller över hela landet. Skatten betalas vanligtvis direkt på hotellet, oftast vid utcheckning, och de flesta hotell föredrar betalning i kontanter. För ett tvåstjärnigt hotell är avgiften 0,5 euro per natt per rum. På trestjärniga hotell betalar du 1,5 euro per natt, medan fyr- och femstjärniga hotell har en avgift på 3 respektive 4 euro per natt.

Vatten

Även om du tekniskt sett kan dricka kranvattnet på Kos, rekommenderas det att köpa flaskvatten. Vattnet är klorerat, vilket kan påverka smaken, men det fungerar bra för att koka, göra kaffe, te och använda vid matlagning.

Valuta

Valutan på Kos är euro (€). Bankomater finns på de flesta platser och erbjuder ofta instruktioner på engelska. Visa och Mastercard accepteras på de flesta hotell, restauranger och butiker.

Trevlig resa!

Då har vi kommit till slutet av min reseberättelse om Kos, och jag hoppas att du har fått med dig några användbara tips inför din egen resa. Kanske är du redan i full färd med att njuta av livet på denna fantastiska ö, och i så fall hoppas jag att mina berättelser har gett dig lite inspiration. Om din resa ännu inte är planerad vill jag gärna ge några råd för att hitta den perfekta platsen för din semester.

Kos har förändrats genom åren och har idag en mer varierad atmosfär – från livliga områden till lugna och autentiska småstäder. Är du ute efter festligheter och puls, är Kos stad och Kardamena bland de mer energiska platserna med ett större utbud av barer och nattliv. Men om du föredrar en lugnare miljö finns det flera småbyar som erbjuder just detta. Jag kan särskilt rekommendera Tigaki, en charmig liten by med ett brett utbud av restauranger och barer, och Marmari, som är lite mindre men bjuder på en speciell atmosfär och färre faciliteter. Båda dessa orter erbjuder långa, breda sandstränder med långgrunt vatten – perfekta för avkopplande semesterdagar.

Oavsett om du söker äventyr eller lugn, hoppas jag att dina dagar på Kos blir fyllda med minnesvärda upplevelser och välförtjänt avkoppling. Kos är en plats som har skänkt mig och min familj många glädjefyllda stunder, och jag är säker på att den kommer att ge dig samma glädje. Trevlig resa!

www.ingramcontent.com/pod-product-compliance
Lightning Source LLC
Chambersburg PA
CBHW031502130726
47989CB00003B/1502